ÉLOGE

DE

Joseph Vial

FRÈRE SAMUEL

DES ÉCOLES CHRÉTIENNES

PRONONCÉ PAR

M. Charles d'ILLE

En Séance Publique a l'Athénée de Forcalquier

Le 6 Novembre 1887

AIX

IMPRIMERIE J. NICOT, RUE DU LOUVRE, 16

1888

ÉLOGE

DE

Joseph Vial

FRÈRE SAMUEL

DES ÉCOLES CHRÉTIENNES

MESDAMES,

MESSIEURS,

C'est d'un modeste Frère des Ecoles chrétiennes que je vais avoir, si vous le permettez, l'honneur de vous entretenir aujourd'hui.

Il est étrange qu'à notre époque où l'on proclame le droit de chacun d'agir à sa guise en toute liberté, quand on affirme que les hommes sont tous égaux entre eux, lorsque le mot de *fraternité* s'étale sur les devises officielles et au fronton des monuments publics, il est étonnant qu'on ait pu me dire que tenter l'éloge d'un Frère des Ecoles chrétiennes était une chose délicate.

Je ne sais quelle crainte chimérique inspire ce sentiment timoré, mais je suis heureux de vous déclarer que l'homme qui osait l'exprimer n'est pas un Provençal.

Il faut que la dignité de certains Français, mûrs pour la servitude, soit bien ravalée pour qu'ils aient perdu cette noble indépendance, cette fierté qui permet de dire partout et hautement ce que le cœur dicte.

Ce n'est pas à Forcalquier, ni dans notre Provence, terre qui ne connut jamais le servage, qu'on pourrait concevoir de tels soucis.

Héritiers des libertés de l'antique Rome, fidèles observateurs de ses coutumes, nos ancêtres surent adoucir et dominer toujours, par la supériorité morale, les envahisseurs de leur sol.

Les idées généreuses de liberté germèrent ici. Nos troubadours les portèrent au loin; ils furent les premiers émancipateurs de l'esprit humain, et, quand la France voulut jouir à son tour du régime libéral que la Provence avait su conserver, qui la guida dans ses revendications? — Les Méridionaux.

Les premiers aussi, les Méridionaux fondèrent les grandes institutions charitables. Ainsi, l'ordre hospitalier de Saint-Jean de Jérusalem, établi par un Provençal dont Manosque a gardé les reliques; l'ordre des Trinitaires, pour la rédemption des captifs, fondé par Saint-Jean de Matha, un Bas-Alpin dont Faucon s'honore d'avoir été le berceau.

Toujours les idées magnanimes, le dévouement, l'indépendance du caractère, restèrent l'apanage des Provençaux; et l'on ne voudrait pas que nous fussions fiers de notre pays! Que nous revendiquions toutes nos gloires, les plus illustres comme les plus cachées!

Parmi les humbles qui ont droit à la renommée, parmi les bons qui se consacrèrent au peuple, il est un de vos compatriotes dont beaucoup d'entre vous ignorent encore le nom, et à qui nous voudrions rendre justice :

c'est Joseph Vial, le Frère Samuel de Jésus, des Écoles chrétiennes.

Joseph Vial naquit à Forcalquier le 27 février 1818. C'était le fils d'un honnête artisan. Son père était cordonnier ; un de ses frères le fut aussi. Ils sont morts, ainsi qu'une de ses sœurs qui s'était mariée à Forcalquier.

Il ne reste plus de cette famille que M. André Vial, un autre frère de Joseph, emmené par un ancien receveur des finances de votre ville, comme fondé de pouvoirs, à Villefranche-Lauraguais, où il s'est définitivement établi.

Elève de l'école des Frères de Forcalquier, enfant du peuple, Joseph Vial éprouva de bonne heure le besoin de consacrer à l'éducation des enfants du peuple tout son cœur, tout son dévouement, tout ce que les bons Frères lui avaient à lui-même enseigné. Il sut vaincre la résistance de ses parents et, à l'âge à peine de quinze ans et demi, il partit pour le noviciat des Frères d'Avignon. C'était le 10 septembre 1833.

A cette époque la France subissait une de ses crises périodiques d'incrédulité. Il y avait alors, plus qu'aujourd'hui même, une certaine crânerie à se dire catholique, et ce ne fut pas sans étonnement en ce temps que l'on vit entrer en lutte, pour la défense de la religion, des hommes convaincus et ardents comme Lamennais, Lacordaire et Montalembert.

Mais les grandes luttes oratoires étaient bien peu connues dans le milieu social où Joseph Vial vivait. La presse à bon marché, dont la lecture depuis une vingtaine d'années est devenue en quelque sorte une nécessité quotidienne pour tous, n'existait pas alors, et l'opinion se conformait aux préjugés des classes dirigeantes.

C'est uniquement dans ses qualités personnelles, dans son désir de se prodiguer pour les autres que Joseph Vial puisa sa vocation religieuse. Il ne pensait qu'à être utile, qu'à enseigner aux intelligences paresseuses des plus jeunes enfants les premiers principes d'instruction si difficiles à inculquer. Rien ne lui laissait soupçonner les merveilleuses dispositions artistiques dont il était doué et la place considérable que la Providence lui réservait d'occuper parmi les meilleurs peintres de notre époque.

Il professa d'abord dans les écoles d'Avignon, puis à Nîmes et à Marseille, et il fut enfin envoyé en 1839 au pensionnat de Béziers, où devait se continuer pendant un demi-siècle sa laborieuse carrière. L'établissement des Frères de Béziers est un des plus considérables de l'Institut. Fondé en 1831, il n'a cessé d'acquérir de l'importance par de remarquables succès dûs à l'habile direction donnée aux études et au choix des maîtres.

Le Frère Samuel fut d'abord chargé d'une classe. Avec son obligeance naturelle il s'offrit bientôt à seconder le Frère Exupère, professeur de dessin, dans la surveillance de son cours. C'est là que son goût pour les arts prit naissance. Condisciple des élèves qu'il venait surveiller, il s'exerça avec eux au dessin, puis à l'aquarelle. Il fut bientôt à même de remplacer le professeur. Le Frère Exupère étant allé à Versailles dans l'atelier d'Horace Vernet, le Frère Samuel dirigea en son absence le cours de l'école de Béziers, pendant que le savant M. Charles Labor enseignait la peinture.

A son retour, le frère Exupère fit connaître à son jeune collègue la méthode magistrale d'Horace Vernet. Frère Samuel s'empressa d'adopter les principes du grand artiste ; plus tard il devint directement son élève et put ainsi perfectionner son talent sous la direction d'un des meilleurs maîtres français.

Il fut enfin chargé du cours de dessin et de peinture en remplacement du Frère Exupère. Les résultats qu'il obtint de ses élèves par sa façon communicative d'enseigner furent merveilleux. Dès lors, commença pour le Frère Samuel une période de labeurs incessants. Obstiné au travail, il voulut essayer son talent dans toutes les branches de l'art. Après le dessin au crayon, après les puissantes productions au fusain qu'il a laissées, ce fut l'aquarelle qui l'absorba. Là son goût pour les dispositions heureuses des arabesques et des couleurs se donna libre carrière.

Ses albums de cette époque sont un inépuisable trésor de modèles et, par la suite, pour les innombrables décorations dont il a enrichi tant de chapelles, c'est dans ces essais qu'il a retrouvé les motifs et les agencements.

Ses premiers travaux importants furent les dessins du parloir de Béziers et la grisaille dont il décora le grand escalier du musée du pensionnat. Puis il entreprit la décoration de la chapelle de sainte Philomène ; mais son talent n'avait pas encore l'essor qu'il acquit bientôt et se ressentait trop de ses études en miniature. Il excellait alors dans les panneaux allégoriques ; dans la peinture des vierges extatiques et des anges radieux.

Son initiative trouva un libre champ et son imagination une inspiration digne de sa piété, quand, en 1853, il lui fut proposé de décorer la chapelle du pensionnat de Béziers.

Laissons parler ici le Frère Joannès qui publia, au lendemain de la mort du Frère Samuel, une notice biographique dans laquelle nous avons puisé la plus grande partie des détails que nous sommes heureux de vous faire connaître. (1)

« Deux grandes frises régnant au tour de la chapelle, lui permirent de représenter, d'un côté l'ancien et de l'autre le nouveau Testament. Le chœur reçut deux belles pages de la vie de la Vierge : l'Annonciation et la Naissance de l'Enfant Jésus. Qui de nous n'a été frappé de la noblesse de ces figures et des expressions toutes célestes dont le cher Frère Samuel avait le secret ?

« Que dirons-nous de l'ensemble de l'ornementation, aussi remarquable par la richesse et la variété des motifs que par l'harmonie générale des tons ? Tout, dans ce sanctuaire vénéré, élève l'âme vers Dieu et fait rêver au paradis. Le cher Frère Samuel venait de faire un coup de maître. Ce beau travail éveilla l'attention de ses supérieurs.

« Le Très Honoré Frère Philippe, appréciant son talent, lui confia la décoration de la chapelle de Passy. Grâce à sa robuste santé, à son étonnante énergie et à sa prodigieuse activité, le cher Frère Samuel déploya sur ce nouveau théâtre des qualités peu communes qui le firent triompher des difficultés d'une pareille entreprise. La limite des vacances ayant été fixée pour ce

____

(1) *Notice sur le cher Frère Samuel,* publication de l'Association amicale des anciens élèves du pensionnat des Frères de Béziers. — Béziers, Granié et Molinas, 1886.

grand travail, le cher Frère Samuel dut s'adjoindre quelques décorateurs, ce qui porta le personnel qu'il avait à diriger à plus de trente artistes. Grâce à leur concours, il put mener cette œuvre à bonne fin. Les heures avancées de la nuit le trouvaient occupé à élaborer ses esquisses, et au point du jour il était encore le premier debout.

« Le cher Frère Samuel se surpassa; l'œuvre fut vivement applaudie par le public d'élite qui fréquente Passy, aussi bien que par de nombreux amateurs de la capitale. »

Successivement, le Frère Samuel décora la chapelle des Frères de Montpellier; celle de Beauvais, qu'il peignit en 1866, pendant que la terrible épidémie du choléra décimait ces contrées; celle du Noviciat de Fonecranes; celle du pensionnat de Nîmes, impitoyablement laïcisé depuis. En 1876 il décora encore la chapelle du pensionnat de Bordeaux et, deux ans après, celle de Bayonne.

Quand ces travaux furent achevés, ses supérieurs, désireux d'accorder au Frère Samuel une récompense digne de sa piété et de ses goûts artistiques, l'autorisèrent à faire un voyage à Rome et dans une partie de l'Italie.

On ne saurait décrire les enthousiasmes de cette âme artistique et candide à la vue des chefs-d'œuvre qui peuplent les églises et les palais de Gênes, de Pise, de Florence et de Rome. Il poursuivit son voyage jusqu'à Naples, jusqu'à Pompeï; admira les beaux restes des monuments romains et les rivages enchanteurs du golfe de Baïa, puis il fit le pèlerinage de Mont-Cassin. De retour à Rome, il apprit que le supérieur général des Frères avait résolu de lui confier la décoration de la maison-mère de Paris, et ce fut à ce travail considérable qu'il consacra désormais toutes ses pensées. Il voulait faire une œuvre digne de Paris, digne de la principale église de l'Institut des Frères, digne de lui-même.

Des collaborateurs lui arrivèrent de tous les côtés. Son plan était fait ; il entreprit hardiment de l'exécuter ; mais la situation de la maison de Paris était menacée, l'incertitude du lendemain fit abandonner les travaux, et le Frère Samuel, avec obéissance, sinon sans regret, laissa inachevée l'œuvre qui lui tenait tant à cœur. Sans doute l'Institut la fera terminer, hélas ! sans lui, maintenant que la cause des Frères, gagnée devant les tribunaux, semble assurer la stabilité de leur principal établissement.

Un temps de calme doit renaître après les querelles mesquines et inutiles qu'on suscitait aux Frères de toutes parts. Ceux qui, pour conserver des situations fructueuses et détourner d'eux l'attention, les avaient jetés en pâture aux revendications populaires, sont démasqués. Le peuple ne se laisse pas indéfiniment tromper. Il compare déjà les accusateurs avec leurs victimes résignées. L'heure de la justice n'est pas loin.

En 1883, le Frère Samuel présida à la décoration de la chapelle de Notre-Dame de Pitié des Pères Chartreux de Mougères.

Tous les pensionnats des Frères réclamaient ses lumières et son concours pour l'ornementation de leurs chapelles particulières ; jamais il ne refusait. Il se prodiguait sans mesure et on le vit diriger en même temps les travaux de Nantes, de Lyon, de Dijon et de Marseille.

Forcalquier, sa ville natale, ne pouvait être oubliée par lui. La cathédrale Notre-Dame fut même, si je ne me trompe, une des premières églises qu'il entreprit de décorer. (1) Nous signalons à l'attention reconnaissante des compatriotes du Frère Samuel les deux chapelles latérales du Sacré-Cœur et du Saint-Esprit. Ces œuvres hâtives et peu importantes ne permettent pas de juger du talent plein de foi et de sublimes inspirations qui ont rendu célèbre le Frère Samuel, et l'ont placé au premier rang des ornementistes de notre siècle ; mais elles sont un témoignage précieux de son affection pour le pays où s'écoulèrent les années de son enfance ; pour l'église majestueuse et recueillie où la grandeur du culte toucha son âme, où sa ferveur se développa, où, sans doute, naquit en lui la vocation religieuse qui nous a valu un grand artiste.

Dans la cathédrale il y a aussi, du Frère Samuel, deux tableaux représentant l'un et l'autre la *Visite de sainte Elisabeth à la sainte Vierge*. L'un de ces tableaux, celui de la nef de gauche, est une fidèle copie de Murillo.

Ces œuvres ne sont pas les seules que le Frère Samuel ait laissées à Forcalquier. Chez M. le docteur Pascal, qui était un de ses amis, on remarque de lui: la *Retraite de Moscou*; l'*Hospitalité*; un *Ecce homo*, fait aimablement pour remplir un ravissant petit vieux cadre en bois doré que M. Pascal venait de joindre à sa collection, on pourrait dire à son musée d'antiquités locales ; deux *Lansquenets*, jolies pochades se faisant pendant ; enfin un excellent portrait de M. Pascal, à l'âge de 22 ans, exécuté, paraît-il, en quelques heures avec cette prestesse de l'homme habitué à bien voir et

---

(1) En vertu d'une décision du ministre des Beaux-Arts, du mois de février 1888, la belle église romane de Forcalquier vient d'être classée parmi les monuments historiques

à rendre avec habileté ce qu'il voit, en se hâtant. Le docteur Pascal possède encore à la campagne une fort belle *Nature Morte* du Frère Samuel ; M. Bourrillon, de jolis tableaux, entre autres une scène de *Buveurs Flamands ;* M. le chanoine Savy, deux belles peintures dont un *Naufrage*. Citons aussi les suivants qui ornent le château de Porchères, chez M. de Berluc-Pérussis :

Une scène de *Musiciens ambulants* qui fait le pendant très exact du célèbre sujet peint au milieu du XVIIIe siècle par Dietrich, de Weimar, et gravé par Georges Ville. M. de Berluc suppose que c'est une copie de quelque tableau allemand inspiré par celui de Dietrich. Original ou copie, cette œuvre est vivante. Une *Mater dolorosa*, d'après le type classique dans un petit médaillon ; enfin un *Date et dabitur vobis* où l'enfant Jésus demande l'aumône d'une main et montre le ciel de l'autre. On assure que c'est encore un sujet allemand. Décidément, dit M. de Berluc, il faudrait alors ranger le peintre Forcalquérien dans l'école allemande qui, il faut bien le dire, a mieux que la nôtre le sens religieux.

Le Frère Samuel était prodigue de ses œuvres. Il ne savait rien refuser, et tous ses anciens élèves ont plus ou moins de lui des souvenirs d'une réelle valeur.

J'ai vu à Marseille un bon portrait de M. J. René, qui possède aussi de son cher maître plusieurs paysages admirablement rendus et, entre autres, des croquis rapportés de son voyage à Naples.

A Béziers, ses œuvres furent nombreuses.

Il peignit beaucoup de portraits.

M. Frédéric Donnadieu, à qui le journal de Forcalquier doit d'avoir publié les prémices de son bel ouvrage sur les *Précurseurs des Félibres,* a le portrait de son père en costume officiel de maire de Béziers, peint par le Frère Samuel.

Ce souvenir de famille, dû au pinceau d'un Forcalquérien, est un lien de plus qui unit à notre pays l'honorable président de la Société Archéologique et de la Maintenance félibréenne du Languedoc.

Un homme d'un grand mérite, fin connaisseur et esprit distingué, m'écrivait dernièrement les lignes suivantes au sujet du Frère Samuel :

« J'ai beaucoup connu personnellement, en sa qualité de peintre, le Frère Samuel. C'était un excellent homme, d'un caractère très gai, très jovial et qui, tout en étant un parfait religieux, ne se croyait pas obligé d'avoir la mine sombre et de se couvrir d'un cilice extérieur de la tête aux pieds. Ses décorations de chapelles à fresque dans le goût primitif, renouvelé par Flandrin, ne manquent pas de valeur. Ses petites figures de saints sur fond d'or, rappelant les admirables chefs-d'œuvre de Fra Beato Angelico, au couvent de Santa-Croce de Florence, sont fort estimables. C'eût été, au moyen-âge, un enlumineur émérite de missels. » Et, en m'adressant une pièce de vers provençaux du majoral Junior Sans, en l'honneur du Frère Samuel, cet homme de goût, qui veut demeurer inconnu, ajoutait: L'hommage du reste est d'autant mieux mérité que le Frère Samuel s'intéressait beaucoup aux choses du Félibrige, et tout ce qui lui venait de Forcalquier lui était particulièrement cher. Si vous le voulez, nous lirons donc tout à l'heure les vers de M. Junior Sans ; ils sont de circonstance et sont intitulés : *Lou Jour des Morts.*

Le Frère Samuel a fait pour les amis et pour les bienfaiteurs de son institut une infinité de portraits.

On cite, en particulier, le portrait en pied de Mgr Ramadié, évêque de Perpignan, puis archevêque d'Alby ; celui de son maître le Frère Exupère ; celui du Frère Leufroy qui fut visiteur de sa congrégation et l'un des hommes les plus distingués qu'elle a produits.

Le travail était la vie même du Frère Samuel et l'énumération rapide que nous avons faite d'une partie de ses œuvres suffit à en donner une idée ; mais il avançait en âge et ses forces s'épuisaient quand ses supérieurs l'appelèrent à Paris pour prêter son concours à l'illustration de la *Vie du vénérable de la Salle.* (1) C'est pendant qu'il préparait cet hommage au fondateur de son ordre que Dieu brusquement arrêta ses travaux. Le 10 février 1886, le Frère Samuel fut légèrement indisposé. Avec son énergie et sa gaîté habituelles il surmonta le mal et voulut reprendre sa tâche : mais, peu de jours après, le 18 février, au matin, on vit une lumière qui brillait encore dans sa chambre ; un Frère entra pour s'informer de sa santé. Un spectacle douloureux s'offrit à ses yeux : le Frère Samuel, seul, sans que rien l'eût fait prévoir, s'était éteint la figure souriante. Il était allé rejoindre au ciel les anges et les saints dont il nous avait tracé les portraits tels que son imagination poétique et religieuse les lui avait montrés.

Ce fut une grande perte pour l'Institut des Frères, une immense douleur pour ses anciens élèves et pour ses amis, et tous ceux qui avaient connu le Frère Sa-

---

(1) Au moment où ces lignes sont publiées, l'Eglise vient d'élever au rang des **Bienheureux**, l'illustre fondateur des Frères des Ecoles Chrétiennes.

muel étaient restés ses amis. Comment eût-on pu ne pas aimer cette nature généreuse, expansive, communicative, ce cœur exubérant, affectueux, d'une bonté débordante? Sa physionomie enjouée respirait la mansuétude. C'était une de ces riches natures qui attirent, que les élèves adoraient, à qui les parents s'adressaient de préférence pour recommander leurs enfants. On ne pouvait aller à Béziers sans demander à voir le Frère Samuel, et toujours obligeant, alors que les visites les plus importunes le dérangeaient de ses travaux, il accourait, consolait les mères qui fondaient en larmes en se séparant de leurs fils. Il leur promettait de s'occuper d'eux, et il tenait parole ; il était le père de tous les petits Provençaux, des Marseillais surtout, envoyés nombreux à Béziers à cause de lui.

Aussi, nulle part sa perte n'a-t-elle été ressentie plus fort qu'à Marseille, et les témoignages de douleur sont partis abondants de cette ville quand on y apprit la triste nouvelle. La notice dont je parlais tantôt a traduit ces sentiments mieux que je ne saurais le faire, moi qui n'ai vu qu'une fois dans ma vie le Frère Samuel, et, alors, spontanément je fus attiré vers lui par sa loyale et ronde parole, par son intraduisible bonté.

Le Frère Samuel a excellé dans tous les genres de peinture ; la fécondité de son pinceau n'a de comparable que celle de son imagination. Le pensionnat de Béziers a conservé quelques-uns de ses plus beaux tableaux : le *Couronnement d'épines*, l'*Immaculée Conception, Sainte Thérèse*, l'*Oiseleur*, l'*Abruzienne*, et l'*Episode*, souvent reproduit, de la *Guerre de Russie*.

Le Frère Samuel fut un incomparable professeur. Il forma des élèves habiles et des maîtres qui, comme le

Frère Scvoldus à Marseille, ont conservé et propagé sa méthode.

Sa réputation comme décorateur, aquarelliste et portraitiste lui survivra. « Là où il excella surtout, dit le Frère Joannes, c'est dans la peinture des sujets religieux. Ses admirables vierges ont une expression indéfinissable de modestie, de pureté, qui fait penser au ciel. C'est dans la méditation que notre cher artiste puisait ses sublimes inspirations. C'est là tout son secret. »

Oui, dans la méditation; mais aussi dans sa candeur, dans sa foi vive et naïve, dans son cœur généreux, dans sa belle âme dont le pinceau reflétait l'innocence.

Comme Fra Angelico, il peignait ce qu'il voyait en lui ; il rendait sa pensée pleine de clarté céleste, sa pensée qui ne soupçonna jamais le mal. Il vivait au milieu des anges souriants entourés de nimbes glorieux. Il a traduit ces visions sublimes en couleurs éclatantes.

Il avait la paix du cœur. Ame pure, ardente et bonne, il ne vécut que pour l'art et pour Dieu.

A l'admiration, à la reconnaissance de ses élèves, Forcalquier devait ajouter le tribut de ses hommages. Le Frère Samuel restera une de ses gloires les plus incontestées.

Voici la poésie consacrée le 2 novembre 1886, par
M. Junior Sans, félibre languedocien, à la mémoire
du Frère Samuel:

LOU JOUR DES MORTS

*Qui credit in me
non morietur in æternum.*

I

Triste jour lou des Morts ! jour de reminiscenso,
De plagnuns e de plours per las marridos gents ;
Mès per lou boun crestian qu'a bouno souvenenso,
Aquel, lou cor jouious, ple de recouneissenso,
Per lous morts prègo Dieus e per lous mescresents.

II

Rai per tu, Samuel ! noble amic ! digne fraire !
Que, dempèi ta naissenso al moumen de ta mort,
As toujour pla viscut e res fach per desplaire
Lou que gouvèrno tout, Lou qu'ensegno à pla faire ;
Nou, jamai contro Aquel te sos mes dins toun tort.

III

La probo, es tous trabalhs, e n'as fach uno armado :
Couro de pichounets, et couro de pla grands ;
Toutes per lou boun Dieus e per sa ben-aimado,
Nostro divino Maire, amoun entournejado
D'Anjos et d'Angelous, de Santos et de Sants.

IV

O, d'un cap d'an à l'autre al davant de la tèlo,
As pintrat de-countun sens jamai n'èstre las ;
Per prene ta paleto èros toujour en bello,
E cado jour per El fasios obro nouvello ;
Rai, n'èros que countent lou pincèi per las mas.

V

Quant de tresors sourtits de ta grando paleto !
Beauvais, Passi, Baiouno, e Dijoun, e Bourdèus,
Véusos d'uno obro d'art, i'as fach richo teleto ;
Tu, l'ajudat del cèl, e fort coumo'n atleto,
Gleisos e Pensiounats as claufit de tablèus.

VI

Mès laissem pas darrès ta poulido Capello
Ount quaranto-sieis ans as pregat ambé grat ;
Ount as mes tout toun fioc, e toun amo e toun zèlo ;
Obro majestuouso, autant noblo que bello,
Obro ount tous pus bèls jours sens comte as counsacrat.

VII

Es vrai. De cap à pèd tu l'as touto pintrado ;
E cadun que la vei, en el-mèmes se dis :
Coumo tout acò's bèl ! coumo es pla decourado !
Per pensa, per prega, la bello retirado !
E, tout en la badant, crei d'èstre al Paradis.

VIII

De pus bèl en pus bèl. Aval, à Founceranos,
Ount tant de frairounets fòu soun nouviciat,
Dins aquel bèl sejour, lènt des èlhs des profanos,
Aqui mai un trabalh sens dècos ni marranos !
Un cap-d'obro, un bijou digne d'un potentat.

IX

Ah ! n'en finirió pas de counta las batalhos
Qu'as gagnat per l'amour et la glòrio de Dieus ;
Loungarudos seriòu toutos tas menudalhos,
Car, sens trop fureta, fariò tant de troubalhos,
Que me calrió prou temps per n'en fa l'adicieu.

X

Mai davant te quita, fraire, bèi qu'es ta fèsto,
Laisso-me sus toun clot pausa'n bouquet de flous ;
Laisso-me descoufla per alèuja ma tèsto.
Laisso-me, prèp de tu, lènt de touto tempèsto,
Prega Dieus per lou be que m'as fach à moulous.

XI

Samuèl de Jesus, adieu, moun paure fraire !
Mai que nautres urous, ta bello amo es al cèl !
En te quitant à tu, vòu sul clot de moun paire
Fa moun debèr de filh, e de filh boun pregaire.
Adieu ! encaro'n cop, adieu, boun Samuèl !

Toun Felibre,

JUNIOR SANS

Beziés, lou paure jour des Morts, dous Nouvembre 1836.

Aix. — Imprimerie J. NICOT, rue du Louvre, 16 — 8159

DU MÊME AUTEUR

Lo Boa, journal littéraire, 1867, 1868 et 1869. — A. Makaire, à Aix.

La Trèz véridicque et trèz playsante chronicque de ce que il advint en la citté d'Aix, l'an de N. S. le MDCCCLXIIIJᵐᵉ. — A. Makaire, Aix, 1869.

Notes historiques sur le 1ᵉʳ Bataillon de la mobile des Bouches-du-Rhône et sur l'insurrection arabe en 1871. — A. Makaire, Aix.

Félibrée de Saint-Clément. — A. Masson, à Forcalquier, 1879.

Jeux floraux de Provence. Fêtes latines internationales de Forcalquier et de Gap. — J.-C. Richaud, Gap, 1883.

Les Méridionaux et leurs œuvres, depuis les fêtes latines de 1882. — F. Bruneau, Forcalquier, 1885.

Brinde d'En Carle de Ganteûme d'Ille à Mount-Pelié. — Empremarié felibrenco, Aïs, 1883.

Toast de M. de Gantelmi d'Ille. — A. Makaire, Aix, 1887.

Discours prononcé à Ganagobie. — L'*Evènement* du 14 septembre 1886. Paris. — La *Revue Félibréenne*, Pitrat aîné, Lyon, 1886.

Discours prononcé à la distribution des prix aux élèves des Frères des Ecoles chrétiennes do Manosque. — Marius Olive, Marseille, 1880.

L'Abbaye de Volx et la Chapelle romane de Notre-Dame de Baulis; *discours prononcé en Sorbonne.* — Barbaroux, Chaspoul et Constans, à Digne, 1883.

Géologie de la commune de Volx. — Veuve Remondet-Aubin, Aix, 1877.

Blanc de Volx, *éloge.* — Veuve Remondet-Aubin, Aix, 1882.

Damase Arbaud, *sa vie et ses œuvres;* (sous presse).

De Berluc-Pérussis, *notice bio-bibliographique.* — J.-C Richaud, Gap, 1882.

William Charles Bonaparte-Wyse. — A. Makaire, Aix, 1887.

M. Montagne, *notice biographique.* — J. Nicot, Aix, 1881.

Le chanoine Michel, *notice biographique.* — A. Makaire, Aix, 1883.

A MM. les Sénateurs et Députés; *pétition en faveur de la Protection de l'Agriculture* — J. Martin, Aix, 1879.

Rapport sur le concours d'agriculture entre les instituteurs de l'arrondissement de Forcalquier. — A. Masson, Forcalquier, 1883.

www.ingramcontent.com/pod-product-compliance
Ingram Content Group UK Ltd.
Pitfield, Milton Keynes, MK11 3LW, UK
UKHW022335170726
13837UKWH00005BA/2288